AF454769

RAPPORT*

APPROUVÉ

PAR LE COMITÉ D'INSTRUCTION PUBLIQUE

DE L'ASSEMBLÉE LÉGISLATIVE,

Sur les réclamations des Directeurs de Théâtre, & la propriété des Auteurs Dramatiques.

Par ANT. QUATREMERE,

Député du Département de Paris.

L'ASSEMBLÉE NATIONALE a renvoyé à son comité d'Instruction publique les réclamations des directeurs & intéressés des différens théâtres de Département.

Ces réclamations ont pour objet principal & uniforme de solliciter le rapport de la loi du 13 janvier 1791, & des articles additionels de celle du 19 juillet même année, en ce qui concerne le droit que ces deux loix accordent aux auteurs vivans, sur la représentation de leurs ouvrages,

---

* Ce rapport a été longtemps ajourné, une liste nombreuse d'opinans existoit sur cet objet. Les directeurs de théâtre avoient cessé de poursuivre la mise à l'ordre du jour. Ce n'a été que depuis le 10 août qu'ils ont repris leur sollicitation. Aucun rapport n'a eu lieu dans l'Assemblée Législative, & aucuns des opinans inscrits n'a eu la parole.

A

foit qu'ils ayent ou non été imprimés ou gravés avant la promulgation de cette loi. Je vais vous en donner lecture :

ARTICLE PREMIER.

Tout citoyen pourra élever un théâtre public, & y faire repréfenter des pièces de tout genre, en faifant, préalablement à l'établiffement, fa déclaration à la municipalité.

I I.

Les ouvrages des auteurs morts depuis cinq ans & plus, font une propriété publique, & peuvent, nonobftant tous anciens priviléges qui font abolis, être repréfentés fur tous les théâtres indiftinctement.

I I I.

Les ouvrages des auteurs vivans ne pourront être repréfentés, fur aucun théâtre public, dans toute l'étendue de la France, fans le confentement formel, & par écrit, des auteurs, fous peine de confifcation du produit total des repréfentations au profit de l'auteur.

I V.

La difpofition de l'article III s'applique aux ouvrages déjà repréfentés, quelques foyent les anciens réglemens. Néanmoins les actes qui auroient été paffés entre des Comédiens & auteurs vivans, ou des auteurs morts, depuis moins de cinq ans, feront exécutés.

5

V.

Les héritiers ou les ceffionnaires des auteurs feront propriétaires de leurs ouvrages durant l'efpace de cinq années après la mort des auteurs.

Quelques difficultés produites par le raprochement de cette loi & d'une autre provifoire, du 16 août 1790, quelques inftances des directeurs de théâtre fur la confervation du droit de jouer des pièces qu'ils difoient avoir acquis des libraires ou graveurs, appellerent de nouveau l'attention de l'affemblée conftituante, & le 19 juillet elle décréta ce qui fuit :

A r t. I I I.

Conformément aux difpofitions des articles III & IV du décret du 13 janvier dernier concernant les fpectacles, les ouvrages des auteurs vivans, même ceux qui étoient repréfentés avant l'époque du même mois de janvier, foit qu'ils fuffent ou non imprimés ou gravés, ne pourront être repréfentés fur aucun théâtre public dans toute l'étendue du royaume, fans le confentement écrit ou formel des auteurs, ou fans celui des ceffionnaires ou héritiers, & ayant caufe, pour les ouvrages des auteurs morts depuis moins de cinq ans, fons peine de confifcation du produit total des repréfentations au profit de l'auteur ou de fes co-héritiers ou ceffionnaires.

A 2

I V.

La convention entre les auteurs & les entrepreneurs de fpeƈtacle fera parfaitement libre, & les officiers municipaux ni autres fonƈtionnaires publics ne pourront taxer lefdits ouvrages, ni modérer ou augmenter le prix convenu. La rétribution des auteurs, convenue entr'eux & les entrepreneurs de fpeƈtacle, ne pourra être ni faifie ni arrêtée par les créanciers defdits entrepreneurs.

Après vous avoir donné, meffieurs, leƈture des loix, dont on demande aujourd'hui la révocation, votre comité a penfé qu'il conviendroit de vous retracer en abrégé les faits & les principes qui déterminèrent les décifions de l'affemblée conftituante.

De l'état des chofes antérieur à la Loi.

Avant la loi du 13 janvier 1791, rien n'étoit moins défini ni plus contefté que le droit de propriété des auteurs dramatiques.

Dans les premiers âges de la fcène françoife, le théâtre n'offroit aux auteurs que de ftériles couronnes. Sur ce champ de gloire & de renommée, les athlètes ne fembloient difputer que l'honneur d'y combattre Les calculs de l'intérêt, les fpéculations pécuniaires auroient paru ternir l'éclat des triomphes littéraires. Il eft vrai qu'alors auffi la politique munificence des cours, dédommageoit quelquefois les favoris des mufes. Il eft vrai auffi que ce préjugé ridicule qui s'attacha ſi long - temps à toutes les conditions utiles & lucratives, ſembloit n'avoir pris ſoin de diviniſer, en quelque ſorte, les hommes de génie dont les productions engraiſſoient les ſpéculateurs du théâtre, que pour condamner les premiers à ſe contenter des fumées de la louange.

Le fait eſt, & la notoriété ſur ce point eſt aſſez publique pour diſpenſer de preuves, que depuis que les théâtres étoient devenus un objet de privilége, les auteurs dramatiques n'avoient pu jouir du libre exercice de leurs talens. Une eſpèce de féodalité avoit étendu ſes racines dans un des plus beaux domaines de la littérature.

Je ne vous rappellerai, meſſieurs, ni ces priviléges exclufifs dont jouiſſoient les théâtres, ſous la protection des gouverneurs de province, dans les différentes villes de france, ni cet état de ſervage auquel étoient réduits les auteurs dramatiques dans la capitale, ni ce code de loix bizarres autant que tiranniques, imaginées ſous la dictature des gentilshommes de la chambre, & au moyen deſquelles les ci-devant comédiens du roi ſavoient ſi habilement faire ce qu'ils appelloient tomber une pièce *dans les régles*, c'eſt-à-dire, dans leur répertoire.

Je ne vous parlerai pas non plus de tous leur moyens de contrefaction, de toutes ces rufes de contrebande littéraire qui ont fait juſqu'à ce jour & font encore du commerce de la librairie,

un trafic de pirateries auquel les auteurs ne trouvent le moyen d'échapper que par la fuite.

Je ne vous remettrois, meſſieurs, ce tableau
ſous les yeux, que pour vous donner, s'il en étoit
beſoin., l'idée des garanties que les auteurs trouvoient pour l'exercice de leurs droits de propriété,
dans le régime auquel la révolution les a enfin
ſouſtraits.

Exiſtoit-il des loix protectrices de ces droits ?
Non.

Le récit exact que je viens de vous faire,
prouve que ce qui tenoit jadis la place des loix,
je veux dire le gouvernement, avoit au contraire
toujours protégé les théâtres au préjudice des auteurs. Les préjugés publics à cet égard, le déſinté-
reſſement d'une part, l'avidité de l'autre ; la longue
jouiſſance des oppreſſeurs, l'impuiſſance des opprimés ; tout avoit contribué à opérer une telle
ſubverſion de principes qu'une piéce de théâtre
étoit le patrimoine de tous, excepté de ſon auteur.

Mais à quoi tenoit donc, Meſſieurs, de la part
du gouvernement ce ſyſtême de protection pour
les théâtres contre les auteurs ? Le voici. De tous
les moyens que la philoſophie pouvoit mettre en
œuvre contre le deſpotiſme, le plus actif étoit
celui des repréſentations théâtrales. Il étoit tout
naturel que le deſpotiſme s'en empara. De-là les
priviléges excluſifs qui aſſûroient au gouvernement

toute la suprématie sur ces écoles de plaisirs & d'instruction. Il falloit mettre dans la dépendance du despote toute l'influence du théâtre ; il falloit lui donner les clefs de tous les canaux par où l'esprit de la liberté pouvoit circuler. Les priviléges des théâtres étoient les digues naturelles à élever contre l'indépendance des auteurs dramatiques. Mais il falloit bien aussi récompenser & indemniser les directeurs du théâtre de leur soumission & de leur paisible résignation : delà la protection constante du gouvernement à leur égard.

Quels moyens auroient donc eu les auteurs de revendiquer le libre exercice de leurs droits ? N'auroient-t-ils pas eu à lutter contre cette puissante confédération des théâtres soutenue par-tout ce que le régime ancien offroit & d'hommes puissans & de tyrans subalternes, contre la terrible coalition des abus & de ceux qui en profitent ? Et quels armes auroient-t-ils pu employer dans ce combat si inégal ? La déclaration des droits naturels ? Dans un pays où aucun droit n'étoit reconnu ? Les priviléges du Roi ? Mais il auroit fallu des priviléges contre le roi même. La ressource des tribunaux ? Mais il n'existoit aucune loi positive sur laquelle put s'asseoir leur jugement. Les conventions & les contracts ? Et la fraude en ce genre n'avoit-elle pas cent issues pour échapper à la bonne-foi, cent déguisemens pour tromper la confiance des auteurs ?

Est-ce férieufement qu'on pourroit reprocher aux auteurs infoucians par caractre, étrangers aux affaires d'intérêt, de n'avoir pas abandonné léur cabinet, pour fuivre dans tous les tribunaux du royaume la juftice de leurs réclamations.

Mais, s'il exiftoit jadis des moyens de reclamer contre la violation de la propriété, exiftoit-il autrement que par une révolution & toutes fes conféquences, des moyens de réfiftance contre ces fortes d'abus qui s'étoient entés fur les préjugés des uns & enlacés avec l'ufurpation des autres, contre ces abus qui tenoient aux vices du gouvernement, n'eût-t'il pas fallu plaider contre le gouvernement. Eh bien ce qui devoit paroître abfurde à entreprendre le fut cependant par les auteurs dramatiques. Plufieurs réclamations authentiques, plufieurs proteftations, tant individuelles qu'au nom de tous en font foi. Des conventions particulieres & collectives furent effayées, mais fans fruit, entre les auteurs & les directeurs de théâtre, elles furent toujours éludées par ces derniers.

Au milieu de cette incertitude de loix, de cette ignorance des principes, la propriété la plus inconteftable, la plus perfonnelle de toutes, celle que l'homme peut acquérir par fon génie, s'étoit trouvée méconnue, ufurpée, violée, lorfque la révolution, en annonçant aux auteurs le reveil de leurs droits, menaça les théâtres de la chute de leurs priviléges.

Paris avoit été la capitale de tous les abus, Paris devoit être la métropole de toutes les révolutions. Ses théâtres s'étoient garanti quelque tems de la commotion générale. Mais le moment de crise arriva. Une lutte pénible, inhonorable, entre la liberté & des hommes qui avoient tant de fois prêté leur organe à ses plus nobles expressions donna quelque tems le spectacle d'une espece de parodie de la révolution. Déjà depuis longtems pour se souftraire à la domination d'une troupe privilégiée, les auteurs avoient follicité, mais fans fuccès, la concurrence d'un fecond théâtre. Les Comédiens crurent qu'on pouvoit capituler avec la liberté : la liberté fondit fur tous les théâtres. Cette irruption fubite brifa toutes les enceintes privilégiées, fit quelques ravages partiels, froiffa quelques individus : mais de ces petits dommages particuliers, réfulterent deux grands bienfaits, la concurrence des théâtres & la reftitution de la propriété des auteurs dramatiques.

Cette révolution parut avoir tourné entièrement au profit des auteurs, & cela devoit être, car toute bonne révolution doit fe faire en faveur des opprimés. Mais celle-ci a de plus ce caractère de juftice, qu'en favorifant les auteurs, premiers mobiles de l'art & des plaifirs dramatiques, elle replace les théâtres fur des bafes plus folides. En effet, les acteurs ne font que les inftrumens du poëte. Que deviendroient t'ils, que deviendroient les entreprifes de théâtre, fi le génie des auteurs ceffoit de les alimenter? La feule manière jufte & puiffante à la fois de favorifer tous ceux qui vivent des repréfentations dramatiques, eft donc de protéger ceux fans lefquels elles n'exifteroient pas. Ce n'eft ni le tronc ni les branches qu'il faut arrofer, c'eft le fol, c'eft le terrein qui les produit, & le fol nouricièr des acteurs c'eft le génie des auteurs.

Qu'il puiffe y avoir de la part de la nation des moyens plus grands, plus dignes d'elle d'encourager les auteurs; des reffources d'émulation plus appropriées à la nature du fujet, plus à la hauteur du génie & des grands effets qu'on peut en attendre, c'eft ce qui n'importe point à la queftion actuelle. La nation n'a voulu faire au génie d'autre préfent que la liberté. Elle s'eft contentée de réintégrer les auteurs dans le plein & libre exercice de leurs droits de propriété fur leurs ouvrages. Elle comprit que tout ce qui avoit pu exifter d'ufages ou de réglemens précédens n'avoit qu'infuffifament garanti cette efpéce de propriété, & en conféquence, par l'organe de l'affemblée conftituante, elle décréta les loix dont je vous ai donné lecture.

Ces loix, meffieurs, (& la remarque n'eft pas dénuée d'intérêt dans le cours de cette délibération); ces loix, dis-je, ont reçu leur entière exécution à Paris. Elles font reftées fans effet dans les

autres départemens. Je n'obſerverai pas qu'en at-
tendant la réforme qu'ils ſollicitent, les comédiens
de province auroient du ſe ſoumettre à la loi.
J'accorde que leur réſiſtance puiſſe ſe juſtifier
par l'intention de provoquer légalement l'abroga-
tion de ces décrets, et je préfere de vous expli-
quer la cauſe de cette différence entre Paris & les
autres départemens, dans l'exécution de la loi du
13 Janvier.

Quelle qu'abſurde qu'ait été ſous l'ancien régime
la conduite des comédiens du roi envers les auteurs qui les nourriſſoient, quelque tirannique
qu'ait été la légiſlation des gentils-hommes de la
chambre ; cependant le droit des auteurs n'avoit
pu être entièrement méconnu. On les dépouilloit,
il eſt vrai, mais cela ſe pratiquoit avec de certaines formes. Et l'on doit le dire, à ce ſujet, tout
n'eſt pas perdu là où il reſte encore des formes.

Ainſi, quoique l'hiſtoire théâtrale de Paris n'offre
qu'une ſérie de brigandages & d'uſurpations ſur
les auteurs ; cependant l'uſage de traiter avec eux
de leurs piéces, le monopole du théâtre françois,
les confiſcations arbitraires même, étoient autant
d'hommages involontaires rendus à la propriété des
auteurs.

L'idée qu'un auteur perd le droit de diſpoſer
de ſa piéce pour le théâtre, dès l'inſtant que l'impreſſion en a rendu la lecture publique, n'étoit
jamais entrée dans l'eſprit des comédiens de Paris.

Ils acquéroient à prix d'argent le droit de jouer les piéces, soit qu'elles fuſſent ou non imprimées ou gravées. Ces marchés privés de l'avantage de la concurrence des acquéreurs, ces marchés dans leſquels l'acquéreur excluſif ſavoit ſi bien mettre à contribution & la honte du beſoin & le beſoin de l'honneur ; ces conventions léonines dans leſquelles les malheureux auteurs briguoient avec tant de chaleur l'occaſion de ſe ruiner avec gloire ; tous ces contracts de l'intérêt avec le génie étoient, il eſt vrai, des léſions manifeſtes de la plus ſimple juſtice. Mais enfin, ils avoient habitué les comédiens ou entrepreneurs de ſpectacle de Paris, à regarder le conſentement des auteurs comme une formalité indiſpenſable, & à croire qu'ils avoient beſoin d'acheter & de payer la matière première de leurs manipulations théâtrales. Auſſi des 30 & tant de ſpectacles de Paris, aucun n'a réclamé contre les loix de l'aſſemblée conſtituante.

Pourquoi donc les théâtres de province ſont-ils les ſeuls à réclamer ? Le voici. C'eſt que tandis que ceux de Paris payoient peu, ceux de province ne payoient point. C'eſt par ce que ceux-ci avoient toujours cru que l'éloignement dans lequel ils ſe trouvoient des auteurs, les mettroit à l'abri de leurs pourſuites. C'eſt par ce que les auteurs alors déſunis, n'avoient pas encore eu l'art de mettre en commun leurs intérêts dans une aſſociation que les directeurs de théâtre ſe plaiſent à

traiter aujourd'hui de corporation illégale, comme si le privilége des coalitions dut leur être ré-
fervé. C'eſt parce qu'effectivement il eſt doux
d'être approviſionné de piéces *gratis*, c'eſt par ce
qu'il eſt dur en effet, de ſe voir enlever un
privilége lucratif qu'on croyoit & que quelques-
uns feignent encore de croire hors des atteintes
de la loi.

Cette opinion des directeurs de théâtre va devenir l'objet de ma difcuſſion ; mais je dois aupa-
ravant remonter aux principes qui ont dicté la loi
qu'on attaque.

Des principes ſur leſquels repoſe la loi.

Toute la conteſtation gît dans une queſtion
de propriété entre les auteurs dramatiques, le
public, les marchands imprimeurs ou graveurs,
& les directeurs de théâtre.

Les pièces de théâtre imprimées peuvent-elles
être réputées une propriété publique ?

C'eſt ce qu'il convient d'examiner d'abord ;
car ſi cela étoit toute difpute feroit terminée.
Mais il faut avant tout définir la propriété.

Quelle que définition qu'on en faſſe : qu'elle
dérive du droit naturel ou qu'elle dépende du
droit poſitif, c'eſt, quant au fait, la jouiſſance
de ce qu'on a légitimement acquis; c'eſt, quant
au droit, le pouvoir que la nature ou la ſociété

donnent à un individu d'ufer d'un objet exclu-
fivement à tout autre individu.

L'exercice de ce droit a été défini le pouvoir
d'ufer & d'abufer d'une chofe.

D'après cela qu'eft-ce qu'une propriété publique ?

C'eft un objet poffédé, ou un droit fur un
objet, acquis par une fociété ou collection d'hommes, en vertu des loix naturelles ou des conventions fociales.

Je dis en vertu des *loix naturelles* ; car il y
a certaines chofes que la nature a réellement
voulu, même dans l'état focial, rendre la propriété de tous, & fur lefquelles les conventions
fociales n'ont pu avoir d'action que par l'oubli
du droit naturel : tels les droits de chaffe, de
pêche, & autres.

J'ai dit en vertu des *conventions fociales* ; car
pour qu'une fociété d'hommes foit propriétaire
d'un objet que les loix naturelles ne rendent
pas commun à tous, il faut au moins un acte
de la volonté générale.

Voyons fi cela peut s'appliquer aux ouvrages
dramatiques.

Ces objets font-ils par leur effence, tels, que
la nature donne à la fociété un droit néceffaire
fur leur jouiffauce ?

On a vu que les objets de cette forte, font,
ou ceux qui excluent l'idée d'un propriétaire par

eux-mêmes & par leur nature, ou ceux dont l'appropriation ufurpée par le petit nombre s'opéreroit au préjudice du grand nombre.

Et ici c'eft précifément tout le contraite. Car fi quelque chofe au monde force de reconnoître l'idée d'un propriétaire & d'un maître, c'eft bien fans doute le fruit du génie de l'homme, le réfultat de fa penfée; & l'appropriation qu'en ufurperoit le grand nombre n'auroit lieu qu'au détriment du petit nombre.

La nature ne fuggère donc pas cette appropriation publique.

Eft-t'elle autorifée par les conventions fociales?

Ces conventions pourroient être de quatre genres, ou des loix, ou des inftitutions, ou des marchés, ou des donations.

Y a-t-il eu des loix qui affurent, à la fociété, la propriété des ouvrages produits par les auteurs dramatiques? Non.

A-t-il exifté de ces inftitutions qu'on pourroit regarder comme le remplacement des loix, & à la faveur defquelles l'auteur indemnifé par la fociété, ait pu être au moins cenfé avoir confenti fon expropriation? Non.

Y a-t-il des contrats de vente & d'acquifition paffés entre les auteurs & la fociété? Non.

Y a-t-il des actes de donation des auteurs envers la fociété? Non.

La fociété n'eft donc pas propriétaire des

ouvrages des auteurs dramatiques. Ces ouvrages ne font donc pas une propriété publique.

Veut-on favoir en quoi & comment ces ouvrages font une propriété publique ? Le voici, car le public en a réellement une en ce genre, & que l'auteur s'honore trop de lui céder pour vouloir la diffimuler.

L'auteur donne réellement à la fociété ou aux hommes qui la compofent, fes idées pour embellir leur imagination, fes penfées pour perfectionner leur raifon, fes conceptions pour enrichir leur efprit.

Mais cette propriété, toute métaphyfique, ne s'adreffe qu'à la partie morale de la fociété.

Quant à la propriété matérielle ou mercantile de l'ouvrage compofé par l'auteur, elle n'appartient pas plus à la fociété, que le fonds de boutique du libraire, ou l'entreprife du directeur de fpectacle.

Le ftatuaire & le peintre font auffi par leurs inventions, leurs plaifirs ou leurs leçons, de riches préfens à la fociété ; mais la publicité qu'ils donnent à leurs ouvrages, n'en conftitue pas le public propriétaire.

Si les ouvrages des auteurs dramatiques ne font pas une propriété publique, quant à la partie matérielle, ils font donc une propriété particulière. S'ils font une propriété particulière, ils le font donc de ceux qui les ont produits.

Ce

Ce qu'on a dit de l'auteur, à l'égard du public, va s'appliquer aux rapports de l'auteur envers le particulier, c'est-à-dire qu'aucun particulier ne deviendra propriétaire de la partie utile de l'ouvrage d'un auteur, qu'en vertu des conventions par lesquelles la société veut qu'on acquière.

On acquiert la propriété d'un autre, par héritage, par achat ou par donation.

C'est par l'un de ces trois moyens qu'il faudra que les directeurs de spectacle prouvent qu'ils ont acquis. Mais, avant d'examiner leurs titres d'acquisition, il convient d'examiner la nature de la marchandise.

Nous avons déjà distingué dans le produit de l'esprit, dont se compose un livre, deux parties, une partie morale ou intellectuelle, c'est la collection fugitive de ses pensées, présent que l'homme peut faire à la société sans le secours même de l'écriture, & uniquement par la tradition orale, présent que les signes représentatifs de la pensée rendent plus général, plus facile à communiquer, & que l'impression, cette autre représentation de l'écriture, multiplie encore plus.

La pensée de l'homme ne commence à devenir un véritable objet de commerce, que lorsque l'écriture en a fait un livre. C'est ici la partie matérielle ou commerciale de l'ouvrage. Le bénéfice de cette œuvre mercantile doit revenir à celui qui en a fait les frais, & celui-là est ou l'auteur lui-même, le premier en droit de spéculer sur sa chose, ou le marchand qu'il subroge à son droit d'après les conditions stipulées entr'eux.

L'imprimeur ne nous vend que la faculté de lire un ouvrage, & cette faculté se paye en raison non de la bonté de l'ouvrage, mais de la beauté typographique & d'autres accessoires très-indépendans de l'ouvrage en lui - même. Bien plus, comme c'est sur l'espoir du débit & non sur un sur-haussement de prix proportionné à l'excellence morale de l'ouvrage que se fondent les spéculations commerciales en ce genre, il est vrai de dire que la faculté de lire un livre, se paye d'autant moins que le livre est meilleur; il est vrai de dire qu'on ne paye jamais l'ouvrage, mais uniquement la somme représentative de l'industrie typographique, en forte que vous avez réellement le *contract social* pour rien, lors même que vous en payez l'exemplaire 20 sols.

Voilà, par conséquent, deux choses très-distinctes dans l'ouvrage de l'auteur; sa pensée qu'il vous donne, & le droit de trafiquer des moyens de la représenter, droit qu'il peut exercer ou céder à un autre.

L'imprimeur ou graveur peut donc acquérir, en toute propriété, ce droit par les moyens que la loi a fixés & qu'on a énoncés plus haut.

Mais quel droit acquiert-t-il? Celui que l'auteur à vendu. Quel droit celui-ci a-t-il vendu?

Le droit de copier son manuscrit, & d'en débiter les copies. Celui qui achete un exemplaire, n'achete pas le droit d'en faire tout ce qu'il seroit possible d'en faire ; par exemple il n'achete pas le droit de le *réimprimer*. Car il ne se trouveroit plus personne qui voulût faire les avances d'une impression, si, pour le prix d'un exemplaire, de l'Encyclopédie par exemple, il étoit possible d'acquérir le droit d'en ruiner l'imprimeur. Le droit qu'achete le particulier est celui de lire ou de revendre son exemplaire. La propriété qu'il acquiert est moins celle de l'ouvrage que celle de l'exemplaire. Il a acquis le droit d'user ou d'abuser de celui-ci, c'est-à-dire de le lire ou de le jetter au feu ; il a acquis le droit d'en orner son esprit ou d'en égayer sa critique, mais non d'user & d'abuser de l'ouvrage, qu'il n'a point acquis sous le rapport générique & commercial dont on a parlé.

Voilà donc trois sortes de propriétés bien reconnues & bien distinctement existantes dans ce qu'on appelle l'ouvrage d'un auteur.

Celle de ses pensées & de ses opinions, qui, par la manifestation qu'elles reçoivent, peuvent devenir les opinions de tous.

Celle de la représentation typographique de ses pensées, qui pour le solde des frais d'impression d'un exemplaire, se borne à la propriété de cet exemplaire.

Et celle du droit acquis par l'imprimeur en vertu d'une convention libre, d'opérer & de multiplier typographiquement la repréſentation des penſées de l'auteur, & de s'en indemniſer par le débit excluſif des exemplaires.

Mais n'y a-t-il qu'une ſeule manière ſujette aux ſpéculations commerciales de reproduire, de multiplier la repréſentation des penſées d'un auteur & des ouvrages de l'eſprit?

Il en eſt une beaucoup plus importante & non moins lucrative; c'eſt la repréſentation dramatique.

La différence d'effets & de moyens repréſentatifs de la penſée de l'auteur change-t-elle quelque choſe aux droits qu'il a d'uſer de ſa propriété, d'une nouvelle manière? Non ſans doute.

Y a-t-il lieu à la propriété publique? Non, puiſqu'il n'y a pas plus de convention en ce genre entre la ſociété & l'auteur.

Qui donc eſt propriétaire du droit de faire repréſenter ſon œuvre? L'auteur ſans lequel cette repréſentation n'auroit pas lieu. L'auteur qui ſeul maître d'uſer & d'abuſer du fruit de ſa penſée, le peut débiter ou faire débiter dans la boutique du libraire, ou ſur les planches de la ſcène.

L'ouvrage dramatique eſt doué par lui-même de deux facultés repréſentatives. On le lit, & c'eſt à l'imagination de ſuppléer l'action. On le voit jouer, & le récit de l'acteur diſpenſe de la lecture.

Si cette production du génie se prete à ce double effet par un double effort de la part de l'auteur, pourquoi l'auteur n'auroit-il pas une double manière d'exploiter sa propriété?

S'il veut concentrer sa renommée dans l'enceinte d'un théâtre ou d'une ville, il conserve son ouvrage manuscrit. S'il ose braver la censure d'un froid lecteur, ou s'il veut faire jouir l'Europe du fruit de ses veilles, il livre à la presse son œuvre dramatique. Et qui peut lui refuser cette double moisson de gloire & de profits, de risques & de censures?

Si personne au monde ne peut lui contester la faculté de disposer en faveur d'un imprimeur du droit de faire représenter typographiquement ses pensées, qui osera lui contester la faculté de céder en même-temps à un entrepreneur de spectacles le droit de représenter théâtralement ses inventions?

Comment est-ce qu'une de ces deux facultés pourroit préjudicier à l'autre? Ce n'est pas vendre deux fois la même chose; c'est vendre deux choses fort différentes. Ce sont deux objets de commerce très-dissemblables, qu'un livre & un spectacle; ils diffèrent autant que des caractères & des acteurs, autant que l'écriture & la parole.

Si ces principes sont évidens, que devient la prétention de ceux qui croyent être en droit de jouer une pièce dès qu'ils la trouvent imprimée, fans le confentement de l'auteur, fous prétexte que l'auteur eft défaifi, & qu'il a laiffé fuir de fes mains fa propriété.

Mais, fi le comédien avoit le droit de s'emparer de tout ce que l'imprimeur met au jour, pourquoi n'y auroit-t-il pas réciprocité de la part de l'imprimeur vis-à-vis du comédien ?

Quoi ! lorfque ma penfée fort des preffes de l'imprimeur, le comédien en fera fon profit ; & lorfqu'elle fort de la bouche de l'auteur, l'imprimeur ne pourroit pas fe l'approprier pour fon commerce ! Il n'en a cependant jamais eu le droit, ni par les ufages ni par les loix de la Police d'autre fois. Quelle logique & quelle morale feroit donc celle que défavoueroit l'ancienne Police ?

Ce n'eft pas ici, Meffieurs, l'inftant de développer plus en détail l'application de ces principes. Vous aurez dans peu l'occafion d'y revenir, lorfque vous mettrez la dernière main au projet de loi préparé par le comité de commerce de l'affemblée conftituante fur les brigandages qui ruinent le commerce de la librairie. Il fuffit d'avoir reconnu les principes fur lefquels repofent inconteftablement le droit & la propriété des auteurs. Et ces principes, foit qu'ils ayent été méconnus autrefois, foit qu'ils ayent été mal foutenus, je vous les ai rappellés plutôt pour en tirer les conféquences relatives à la queftion que pour en faire le fujet d'une queftion. Leur évidence est telle que, dans cette cause, personne ne les combat en eux-mêmes; personne n'en conteste de front l'application pour l'avenir. Les Directeurs de théâtres ne les attaquent que parce qu'ils prévoyent les conséquences d'un aveu formel sur cet objet, même pour l'avenir. Quant au but principal de leur réclamation, il a pour objet de demander que les pièces des auteurs vivans qui, faites antérieurement à la loi du 13 janvier, étoient devenues la proie de tous les théâtres de province, puissent continuer d'y être jouées sans le consentement des auteurs & sans aucun droit de rétribution de leur part. Il faut connoître les moyens qu'ils allèguent pour leur cause.

Argumens des directeurs de théâtres contre la loi.

Je ne mettrai point au nombre des moyens qu'employent les directeurs de théâtres contre les auteurs, cette prétendue corporation qu'ils leur reprochent d'avoir formé depuis la loi pour en opérer l'exécution, & en retirer les avantages. Il seroit par trop absurde de prétendre que des hommes, liés par un intérêt commun, forment une corporation, parce qu'ils ont des agens communs & des rapports uniformes avec les théâtres. Au reste l'idée de corporation physiquement & moralement impossible ici, se détruit par le fait seul, qu'un grand nombre d'auteurs n'est point entré dans l'affociation que les directeurs de théâtres qualifient de corporation.

Mais leurs moyens de réclamation fe réduifent à deux principaux; l'un qu'on peut apeller moyen de droit & l'autre moyen de confidération.

Voici l'analyfe de leur premier moyen.

Les auteurs, difent-ils, libres de garder leur ouvrage en porte feuille ou de le débiter manufcrit, & d'en traiter de cette manière avec les directeurs de théâtres de province, en ont fait, par l'impreffion, une propriété publique. Ils ont préféré la rétribution fûre & prompte de l'imprimeur, au gain plus tardif & plus éventuel de la repréfentati·n. L'impreffion qui a rendu la piéce une propriété publique, a défaifi l'auteur *de tout d·oit de fuite fur fa chofe ; dès l'inftant qu'il l'a rendue publique par l'impreffion & par la vente, il ne peut plus exiger que l'acheteur lui rende compte de l'emploi de la chofe qu'il a vendue.*

Les auteurs, ajoutent-ils, ont cédé leurs droits de propriété à l'imprimeur, qui eft devenu leur *ceffionaire.* Celui-ci vend au directeur de théâtres; le directeur a acheté l'exemplaire de la piéce, il eft donc propriétaire de la pièce; il a donc acquis le droit de *fpéculer fur la chofe acquife, & d'en ufer pour fon p·us grand avantage, fa plus grande commodité, fon plus grand profit.*

A ces raifonnemens les directeurs de théâtres

joignent les actes de vente ou de ceſſion faits par les auteurs aux imprimeurs, ou graveurs, & par leſquels les auteurs reconnoiſſent avoir *vendu & tranſporté* telle pièce à l'imprimeur *pour qu'il en jouiſſe lui & ſes ayans cauſe comme de choſe à lui appartenante.*

En réſultat ils diſent :

Vous auteur, vous étiez le maître de ne pas rendre votre propriété publique, & vous l'avez rendue telle par l'impreſſion. Je puis donc en uſer.

Vous auteur, avez tranſporté à un autre le droit de vendre votre ouvrage ; dès que je l'achete vous n'avez plus le droit de me troubler dans une jouiſſance que j'ai légitimement acquiſe.

Vous auteur vous avez reçu de l'imprimeur une ſomme pour l'aliénation de votre propriété ; vous n'avez plus de droit de vous faire payer une ſeconde fois, ſur-tout par moi qui ai déjà payé une première.

Les auteurs répondent :

Je n'ai pas rendu ma choſe une propriété publique par l'impreſſion ; car l'exercice utile de mon droit de propriété, n'exiſtant que par la faculté de rendre mon ouvrage public, ce ſeroit tomber dans un cercle vicieux, que de ſuppoſer que ce qui rend ma propriété utile, m'enlève ma propriété, & que mon bénéfice ceſſe par cela ſeul qui me le procure, c'eſt-à-dire la publicité. J'ai donné au public mes penſées ; maïs je ne lui ai pas donné le droit d'en trafiquer. La preuve en eſt dans l'acte de vente que j'ai fait avec l'imprimeur, & dans le droit que celui-ci a d'empêcher tout autre de réimprimer ou de contrefaire ſon édition.

L'auteur répond :

Quand j'ai tranſporté à un imprimeur ou graveur le droit de débiter mon ouvrage, je ne lui ai vendu que le droit d'en débiter les copies ou exemplaires, droit fort différent de celui de la repréſentation théâtrale. Comment ſe pourroit-il que ce droit, que n'avoit pas l'imprimeur, & qui n'eſt exprimé dans aucun acte de vente, il ait pu le tranſmettre à d'autres s'il ne l'avoit pas lui-même ; & ce qui prouve qu'il ne l'avoit pas, c'eſt que, tandis qu'il débitoit ſes exemplaires, l'auteur a toujours uſé de cet autre droit vis-à-vis des théâtres de Paris ; & jamais l'imprimeur qui avoit acheté l'ouvrage, n'a été ſe préſenter au théâtre pour recevoir ſa part d'auteur.

L'auteur répond :

Vous n'avez pas pu acheter une choſe autre que celle que j'ai vendue. Je n'ai vendu que le droit de faire lire mon ouvrage ; & la preuve s'en trouve dans le prix bien modique que l'imprimeur m'a payé, & dans le prix plus modique encore qu'il vous a vendu. Vous n'avez acheté ma comédie que ſix ſols comme le lecteur or-

dinaire ; or fix fols repréfentent la valeur typographique de l'exemplaire acquis ; mais fix fols
ne repréfentent pas la valeur qui doit réfulter
du droit de jouer ma pièce. Il vaut mieux dire
que vous avez ce droit pour rien; car, de bonne-
foi, fix fols font l'équivalent de rien.

Soit, reprend le directeur de théâtre ; ce droit
je ne l'ai pas acheté ; je l'ai trouvé à prendre,
& je l'ai pris. Mais c'eft votre faute, à vous
auteur de n'avoir pas mieux défendu ce que
vous appellez votre propriété, de n'avoir pas
réclamé jadis contre ce qu'il vous plaît aujour-
d'hui d'appeller une ufurpation.

Nous ne pouvions pas, répondent les auteurs
revendiquer nos droits avant que la révolution
nous en eût elle-même donné le droit. Il dépen-
doit, on ne peut pas moins, de quelques auteurs
de faire des loix fous l'ancien régime, & de les
faire exécuter. Nous n'avons cependant point ceffé
de réclamer. Mais la juftice ne pouvoit venir à
notre aide. Ces fortes d'affaires étoient évoquées
au confeil, c'eft-à-dire, à l'antre du lion.

Eh bien, reprennent les directeurs, fi ce droit
de jouer des pièces, fans l'avoir payé, eft un droit
ufurpé, toujours eft-il vrai que nous en avons ufé
de bonne-foi; c'eft fur la certitude de cette jouif-
fance que nous avons fait des avances; la loi qui
nous foumettroit à une rétribution envers vous
pour les piéces qui l'ont précédée, auroit un caractère rétroactif, & feroit injufte.

Point du tout, leur répond-on ; la loi auroit un effet rétroactif, si elle vous faisoit rapporter une portion des recettes que vous avez faites jusqu'à ce jour ; mais elle ne vous impose cette obligation que pour l'avenir.

Mais, enfin, les auteurs ont, sinon par le droit, du moins par le fait, perdu leur propriété.

Mais concluent ceux-ci, la propriété étant le droit d'user & d'abuser, j'ai pu en abuser au point de la laisser usurper sans la perdre. Il n'y a point prescription en ce genre, il n'y a point prescription contre les abus. Le peuple françois avoit aussi laissé usurper ses droits ; ne pouvoit-il donc reconquérir la liberté.

Voici maintenant les moyens de considération des directeurs de théâtres.

Que le droit de jouer les piéces des auteurs ait été jadis usurpé on non par les théâtres de province, toujours est-il vrai que la jouissance assez paisible de ce droit, a pu & du faire croire aux entrepreneurs la légitimité de son exercice. C'est sur la foi de l'usage, c'est dans la confiance de sa durée, que plusieurs ont fait les frais nécessaires à la représentation des pièces. L'article nouveau de dépenses pour la rétribution à donner aux auteurs n'a pu entrer comme élément des spéculations qu'ils auroient faites sur le jeu de ces pièces. Ce grévement subit & inopiné pourroit préjudicier à leurs intérêts.

Votre Comité, Meſſieurs, a penſé qu'à cet égard, on peut répondre que jamais aucun abus n'auroit été détruit, ſi l'on eût conſulté les intérêts de ceux qui vivent des abus, que l'intérêt de la juſtice univerſelle doit prévaloir ſur les conſidérations perſonnelles, & que l'affaire actuelle ſe préſente comme une queſtion de principes, avant d'être une queſtion de droit ou d'intérêt.

Votre Comité penſe encore que les directeurs de théâtres s'abuſent eux-mêmes lorſqu'ils voyent un ſurcroît de charge dans ce qui n'eſt pour eux qu'une ceſſation de lucre. Votre Comité ne penſe pas que la ceſſation d'un gain illicite puiſſe jamais ſe regarder comme un commencement de perte ou de préjudice. Il ne croit pas que la loi qui eſt juſte en rendant aux auteurs, puiſſe être injuſte en ôtant aux directeurs. Il ne voit dans la prétendue perte de ceux-ci que l'effet inévitable de la deſtruction d'un abus dans la main de celui qui en jouiſſoit.

Cependant votre Comité a penſé que, pour ôter aux directeurs de théâtres, juſqu'au prétexte de ſe plaindre des effets de la loi envers eux ; il auroit peut-être été convenable d'affranchir, pour un temps, de toute rétribution envers les auteurs les piéces que les directeurs n'auroient pas eu la faculté de jouer avant la loi du 13 janvier 1791 ; un temps ſuffiſant pour ſe couvrir de leurs avances. Votre Comité eſtime que l'eſpace d'un an auroit du être un terme raisonnable , & comme plus d'un an s'est déjà écoulé depuis la publication de la loi , il croit qu'en prolongeant le terme de l'indemnité jusqu'au 16 avril de la présente année , les mesures de la justice & des considérations seroient suffisamment gardées.

En conséquence, voici le projet de décret que votre Comité vous propose.

PROJET DE DÉCRET.

L'Assemblée Nationale, après avoir entendu le rapport de son Comité d'instruction publique , sur les réclamations que les loix des 13 janvier & 19 juillet 1791 , ont fait naître de la part des directeurs & intéressés de différens théâtres de département ; considérant que ces loix n'ont fait que reconnoître les droits & la propriété des auteurs , & en garantir le libre exercice ; & voulant les consacrer de nouveau, sans toutefois que les directeurs de théâtres qui n'auroient pu retirer encore, à l'époque de la loi , les avances par eux faites pour la représentation des pièces nouvelles ; puissent se plaindre d'avoir été lésés par l'effet subit & imprévu de la loi, décrète ce qui suit :

ARTICLE PREMIER.

Les directeurs de théâtres de départemens qui, jusqu'à ce jour, ont joui gratuitement des pièces des auteurs dramatiques , continueront d'avoir la jouiſſance gratuite de celles qui ont été jouées avant la loi du 13 janvier 1791 ; & ce, juſqu'au 16 avril de la préſente année.

I I.

Les auteurs ne commenceront à jouir pleinement, vis-à-vis deſdites troupes de départemens, de l'exercice des droits de propriété reconnus par les loix des 13 janvier & 19 juillet 1791, qu'à compter du 16 avril de la préſente année, époque du renouvellement de l'année théâtrale.

DE L'IMPRIMERIE DE LOTTIN,

rue de Jéruſalem, 1792.